奈特·布鲁肖 Annette Breaux   托德·威特克尔博士 Todd Whitaker   南希·萨特菲尔德 Nancy Satterfield

STUDY GUIDE
SEVEN SIMPLE SECRETS

万人迷老师养成宝典
学习指南

what
the
best teachers
know and
do!

中国青年出版社
CHINA YOUTH PRESS   中青文传媒

图书在版编目（CIP）数据

万人迷老师养成宝典学习指南 /
（美）布鲁肖，（美）威特克尔，（美）萨特菲尔德著；唐昊译.
—北京：中国青年出版社，2016.4
书名原文：Study Guide, Seven Simple Secrets: What the BEST Teachers Know and Do!
ISBN 978-7-5153-4078-4

Ⅰ.①万… Ⅱ.①布… ②威… ③萨… ④唐… Ⅲ.①师资培养－指南 Ⅳ.①G451.2-62

中国版本图书馆CIP数据核字（2016）第032825号

Study Guide, Seven Simple Secrets:What the BEST Teachers Know and Do! / by Annette Breaux, Todd
Whitaker and Nancy Satterfield / ISBN: 9781138783621
Copyright © 2015 Taylor & Francis
Authorized translation from English language edition published by Routledge, part of Taylor & Francis
Group LLC.
Simplified Chinese translation copyright © 2016 by China Youth Press.
All rights reserved.
Copies of this book sold without a Taylor & Francis sticker on the cover are unauthorized and illegal.
本书中文简体翻译版授权由中国青年出版社独家出版并在限在中国大陆地区销售。未经出版者
书面许可，不得以任何方式复制或发行本书的任何部分。
本书封面贴有Taylor & Francis公司防伪标签，无标签者不得销售。

万人迷老师养成宝典学习指南

作　者：（美）安奈特·布鲁肖　托德·威特克尔
　　　　南希·萨特菲尔德
译　者：唐　昊
责任编辑：胡莉萍
美术编辑：张燕楠
出　版：中国青年出版社
发　行：北京中青文文化传媒有限公司
电　话：010-65511270/65516873
公司网址：www.cyb.com.cn
购书网址：zqwts.tmall.com　www.diyijie.com
制　作：中青文制作中心
印　刷：三河市文通印刷包装有限公司
版　次：2016年5月第1版
印　次：2016年5月第1次印刷
开　本：787×1092　1/16
字　数：50千字
印　张：14
京权图字：01-2015-4006
书　号：ISBN 978-7-5153-4078-4
定　价：28.00元

版权声明

STUDY GUIDE
Seven Simple Secrets

前 言 / Introduction

想知道成为优秀老师的秘诀吗？想成为学生们衷心喜爱、同事们乐于亲近、校长完全放心的万人迷老师吗？那些成为优秀老师的人并非因为他们生来就优秀，也不是因为他们拥有最高的智商。当他们刚刚成为教师的时候他们并不是最优秀的，他们之所以成为优秀的老师，是因为他们都拥有七个简单的秘诀，这就是畅销书《万人迷老师养成宝典》的核心内容。

无数读者反馈，《万人迷老师养成宝典》中的七个秘诀充满了魔力，让他们由平凡的老师成长为校园里的万人迷老师。而这本书是我们专门为教师实践、操作这七个秘诀量身打造的行动指南。为方便使用，这本指南参照了《万人迷老师养成宝典》的思路与结构，一共分为七章，每一章展示一个与教学息息相关的主题，包含七节内容，每一节讲述一个秘诀，你可以按照顺序阅读每一个章节，也可以从中选择你感兴趣或需要的内容。

在忙碌的教学生涯中，这本指南将为你节省宝贵的阅读时间，它将《万人迷老师养成宝典》中卓越教师的教学策略提炼出来，形成一条一条的行动步骤。在阅读时，你会发现一些问题，这些问题将引领你反思自己的教学，实施有效的行动并分享你的成果——所有这一切都将有助于提高你的教学水平和学习能力，而你也将因此变得更加自信与优秀，最后，学生更加积极主动地参与学习，成绩随之提高，这不就是我们的终极目标吗？

你可以结合《万人迷老师养成宝典》一起阅读这本指南，当然，你也可以单独使用这本行动手册。你可以独享秘诀成果，但我们更建议你在书友会、学习会或职业发展会上与同事们、同行们共享，我们从卓越教师们那儿汲取到他们的宝贵经验，又慷慨地分享给其他人，这种品质正是万人迷老师的魅力之一。更重要的是，我们将使自己的学生甚至全世界的学生因此而终生获益。

谨祝阅读本书的你，在教学中永远激情永驻，教有所成。

秘诀 *1*
提前制订明确的计划

Secret One: The Secret of Planning

STUDY GUIDE
Seven Simple Secrets

计划的价值

教练们总是胸有成竹地走进赛场，因为他们已经制订了有针对性的训练计划

外科医生们总是心平气和地走进手术室，因为他们已经制订了详细的手术方案

律师们总是能够信心满怀地走进法庭，因为他们已经为当庭辩护做足了准备

旅行者们也总是满心欢喜地上路，因为他们的背包里准备好了地图和行装

那么，为什么老师们要憎恶课程计划呢

事实说明

不做计划就等于筹划失败

就如同航行的船无锚可抛，四处漂泊

发力的锤子无钉可锤，空费气力

所以，请做好计划

按计划行事才不会"误入歧途"

总之，莫忘教学的初衷

予人玫瑰，手留余香

第一节　如何制订绝妙的计划

那些卓越的老师都非常清楚，如果想上一堂非常精彩的课，必须要先做好这节课的周密计划。那么，课程计划为什么如此重要，我们又如何制订一份绝妙的计划呢？

🔍 反　思

1. 请用自己的话阐述课程计划为什么重要。

2. 你每天都会特别安排一段时间来为下一堂课制订计划吗？如果没有，你以后准备如何重新为课堂计划安排时间呢？

3. 一份好的课程计划的关键是什么?

4. 你最近的课堂中涵盖了计划的所有关键部分吗? 如果没有, 你将如何改进? 请说明。

✎ 实 施

5. 在计划中列出两条可使课堂更加高效的方法。

6. 找一堂近期未能达到预期效果的课，运用你所学到的做些调整予以改良。

🏅分　享

7. 与你的同事互换课程计划并提供反馈意见，从他/她的计划中你学到了哪些可以为你所用的东西？

第二节　如何为课程做出充分规划

最卓越的老师总会全面计划，这是大部分老师执教多年后得出的结论。

反思

1. 你是否有过不愉快的讲课经历：按照计划组织课堂活动，活动完成却剩余大把时间？请描述一下当时你是如何利用剩余时间的（如果你尝试这样做了），学生的反应如何。

实施

2. 请为你已制定却还未实施的计划增加两个"全面计划活动"，建议：请筹划有质量而不是仅仅消磨时间的活动。

♀ 分 享

3. 请与你的同事分享你的全面计划并寻求反馈意见。

第三节 如何有效管理课堂时间

这是教学的精髓，最卓越的老师在备课时会采用5分钟分割法，也就是说，将60分钟的课程分割成12个5分钟的部分。

🔍 反 思

1. 用5分钟分割法备课会让你和你的学生受益吗？回答后请详述理由。

✎ 实 施

2. 运用5分钟分割法准备一堂课，实践后请思考这个方法对你和你的学生是如何奏效的。

分 享

3. 与你的同事或团队分享你的教案和教学效果，探讨你在学生参与度方面关注到的改变或改进。

第四节　如何让你的计划更灵活

最优秀的老师知道计划中不可或缺的部分是一定的灵活性，毕竟，计划赶不上变化。当教学不像我们一开始计划的那样进行时，我们如何应对这些干扰呢？

反思

1. 在日常教学中面对干扰时，你觉得自己能够随机应变吗？请详述。

2. 为什么在教学中务必要有弹性预算？

✎ 实　施

3. 关注所受到的干扰以及你所做出的反应，记下几条，并列出你有效的解决办法。

4. 你可以向所在学校的行政部门提出一些尽可能减少干扰的办法吗？与同事一起想出三到四条建议。

分 享

5. 与教学团队或校领导分享你们的建议。

第五节　如何制订清晰的教学目标

制订清晰的目标对学生成功起着至关重要的作用，学生必须清晰地认识到这一堂课他们将学到什么。

🔍 反　思

1. 回顾你上堂课的教学计划，你能准确地说明这堂课的教学目标吗？学生清楚这个教学目标吗？

2. 请讲述教学活动和教学目标的区别，并各举两个例子。

✎ 实 施

3. 请写一份涵盖详细教学目标的课程计划，并决定好如何在课堂伊始就让学生了解这些目标。

♀ 分 享

4. 与同事分享你的课程计划，最好把它上传到网上与更多的人分享。

第六节　如何不让课堂死气沉沉

　　众所周知，我们都能在实践中有所成长，在你的课堂中最积极参与教学活动的是学生还是老师？

🔍 反　思

1. 请解释"完成大部分活动"是什么意思。

2. 你是如何把更多的教学活动转移到学生身上去的？请详细说明。

✎ 实 施

3. 制订一份课程计划，设计一些能吸引学生积极参与的教学活动，并确保它们可以激发学生的高阶思维，实施计划并收集成效反馈。

♀ 分 享

4. 告诉同事这堂课是怎么开展的，如果有必要，讨论一下改进的办法。

第七节　如何具有预见性

　　具有预见性意味着可以提前预见可能发生的问题，并努力避免这些问题发生。《万人迷老师养成宝典》中用甲乙两位老师的例子表明：制订有效的课程计划和为学生准备活动时具有预见性是多么重要。

🔍 反 思

　　1. 你觉得自己是被动型还是主动型？请详述。

✏ 实 施

　　2. 请列举一些能让你在课堂上更有预见性的建议和方法。

分 享

3. 与同事分享问题2中的建议和方法，抛砖引玉，请他们提出更多建议。

🐾 秘诀1 总结检测表

　　下面的表格总结了秘诀1提及的7条策略，阅读每一条策略，为自己评定等级，看看还有哪些地方需要改进。

　　1=很少或从不

　　2=偶尔

　　3=一向如此

方　法	1	2	3
1. 我的教学目标清晰。			
2. 我的课堂反映了学生在学习中感兴趣和有所涉猎的内容。			
3. 我遵循60/40原则。			
4. 我计划全面。			
5. 我会使用5分钟分割法。			
6. 我能随机应对教学进度的改变。			
7. 我可以关注我能控制的，放手不能控制的。			
8. 我能用学生感兴趣的适当活动实现教学目标。			
9. 我是一位有预见性的老师。			

秘诀**2**

有效课堂管理提升
个人魅力

Secret Two: The Secret of Classroom Management

STUDY GUIDE
Seven Simple Secrets

谁统帅课堂

她是一位老师，但对她的课堂一点都不慎重

她努力让自己的行为举止和穿着都像她的学生，好让自己能被他们接受

当人们问她为什么要这样做时，她说：因为他们会觉得我很酷

确实，他们觉得她很酷，但是没有一个孩子尊重她

她不明白到底哪里搞错了

他们喜欢她，但是不尊重她，每天她都难过得掉下眼泪

在她的课堂上，没有人在学习，只有一天到晚的胡闹

她想努力挽回自己造成的混乱和失败

她不想再让自己显得滑稽可笑，于是终于有一天局面改变了

那天她终于意识到她是一个大人

从那天起，她换上了一身职业教师的行头

她在她的课堂上明确了纪律和规范——整个课堂议论纷纷像一个唱诗班

她的热忱充满感染力，学生们被打动了

她终于成了一位少有的、令每个孩子既喜爱又尊重的老师

第一节　有效的课堂教学是什么样的

　　在我们的观察中，大多数高效课堂看起来出奇地相似，而低效课堂也是出奇地相似，我们来看一看它们会给人带来怎样不同的感受。

🔍 反　思

　　1. 回想一下你身边的低效型老师，讲述他/她的课堂是什么样的。

　　2. 现在再想想那些高效型的老师，讲述他/她的课堂上发生了什么。

3. 你觉得你的课堂属于哪一类？其他人也这样认为吗？请详述。

✎ 实 施

4. 请从《万人迷老师养成宝典》这一节的列表中选择两三条"高效教学"特征，把它们应用于你的教学中。用两周时间去实践，两周之后按照所取得的成效填写相应的总结检测表。

分 享

　　5. 请与你的教学团队或同事分享问题4的总结检测表，你们都可以从中受益。

第二节　如何区分纪律和规范

纪律是用来控制学生行为防止严重违纪的条例，而规范是我们倡导学生效仿的一套简单的行为准则。

🔍 反　思

1. 你是否曾经向学生清楚地说明课堂纪律？它们是如何制定出来的？你是怎样传达给学生的？

2. 在你的课堂上，关于如何完成任务，你设计了相应的规范吗？它们是如何建立的？你是怎样传达给学生的？

3. 你每天需要特意强调纪律几次?

4. 你坚持执行规范吗? 讲讲你是怎样确保规范实施的。

✎ **实　施**

5. 如有必要,请重拟你的课堂纪律和规范,以确保措辞积极向上,
内容切合实际,与时俱进。

♀ 分 享

6. 与同事分享修订过的纪律和规范并寻求反馈，通过社交媒体请教学团队中的每一位成员分享他/她设计的卓有成效的规范，以帮助你获得灵感，开拓想法。

第三节 怎样建立起纪律和规范

高效的老师只设定很少的纪律。

🔍 反 思

1. 这一节讲述了优秀老师建立纪律和规范的过程，这些方法与你的类似吗？讲一讲相似与不同之处。

2. 你会坚决执行你的纪律和规范吗？请解释理由。

实 施

3. 请列出几条你用来改进课堂纪律和规范的方法。

分 享

4. 与你的教学团队分享你建立课堂纪律和规范的方法，与团队成员相互比较，相互借鉴。

第四节　如何善加提醒和练习

在这一节中，你将了解到在学生不遵守纪律或规范时用到的一些技巧。

🔍 反　思

1. 在你的课堂上，当学生不遵守纪律时通常会发生什么？你是如何应对的？

2. 当学生不遵守规范时你通常会做什么？

✎ 实 施

3. 对于那些需要提醒才能遵守纪律的学生，你会说些什么？请写一个简短而实用的文本，再就规范写个相同的文本。

🏅 分 享

4. 与同事分享问题3中得出的文本信息，如有必要，可请教他们以获得更有效的建议，下次学生违反纪律与规范时请使用你文本中的语言。

第五节　如何让课堂有始有终

越勤奋的学生，犯错的机会越少，取得的成就越大。

🔍 反　思

1. 你的教学是从头到尾，还是在课前、课堂活动或课末偶尔会给学生自由时间？

✎ 实　施

2. 请列出可以马上让学生行动起来的5个课前活动。

3. 请列出活动详单，以备你提前完成课堂内容时使用（提示：这是一个好机会，你可以使用课堂总结或评价表来了解学生对当天课堂的掌握情况）。

Q 分享

4. 把你的课前活动分享到社交媒体网站，邀请其他老师一起分享他们对该主题的意见，如果你愿意，也可以与一两位同事分享。

第六节　如何未雨绸缪防患未然

不够优秀的老师常常疲于应对突发事件，而优秀的老师往往可以防范于未然。

🔍 反 思

1. 在本节中提到的两类老师，哪一类的做法最能代表你遵循的原则？请详述。

2. 如果你积极却不够主动，应该做些什么来改变这种情况？

✎ 实 施

3. 如果你觉得自己比较主动了，可以通过怎样的方式让你更加主动？

🎖 分 享

4. 与你的教学团队或同事讨论变得更加主动的方法。

第七节　如何不成为一个歇斯底里的老师

对学生咆哮是毫无效果，也是不合适的。

🔍 反　思

1. 在任何学校，学生和家长通常都知道哪些老师总是试图通过提高音量去控制学生，而最优秀的老师不会这样做。他们会保持镇定，冷静，用专业方式应对学生。假如被问到你的语气和应对学生的专业水平，你的学生和他们的家长会做怎样的评价？

2. "学生越不能自控，有效的老师就应该越能控制自己"，请描述一次课堂上学生失控的情况，当时你是如何掌控的？

✎ **实 施**

3. 说出可以帮助安抚失控学生的3~5个方法。

🎗 **分 享**

4. 与一两位同事分享你的方法，并请他们也说说他们的方法。

🔖 秘诀2 总结检测表

下面是关于秘诀2的方法小结，阅读每一条并在相应的方框中打钩。针对你标记"否"的条目，为你自己设定一个改进的目标。

方　法	是	否
1. 我的课堂是自由而有序的。		
2. 上课时我充满激情。		
3. 我的课堂有明确的纪律和规范，我的学生知道他们应该做什么。		
4. 对于破坏纪律的学生，我有常规惩罚措施。		
5. 几乎对于每一件事，我都有相应的规范。		
6. 我试着恰当地处罚，所以我无须事后再处理突发事件。		
7. 我会按部就班地教学，因此学生没有机会失误。		
8. 我很少会为了重新掌控课堂而停止教学。		
9. 无论学生做什么，我都能保持冷静，从不对他们喊叫。		
10. 我可以控制好自己和我的课堂。		

秘诀 3
激情教学散发魔力

Secret Three: The Secret of Instruction

STUDY GUIDE
Seven Simple Secrets

让梦想成真

我真的没有意识到为什么我需要知道这些知识

你说我要是不学习它，我必定完蛋

但是我需要更好的理由来解释为什么要学习这些东西

它既繁琐又不着要领，学起来很难

每次我对学习厌烦的时候，我就会走神

做白日梦直到放学的铃声响起

这意味着我没有学会它以至于考试失败

也意味着我惹了麻烦，我的父母也为之发疯

但是我的功课落下太多，即便补考也不能通过

于是下一年——我又一次到了你的班上

我上学年没有学会它，现在也如此

求您，老师，请让我的愿望实现，这样我就可以在5月份
的时候继续学业

第一节　如何让生活和教学紧密相连

最优秀的教师将生活性教学定义为教授学生生活实践的教学方法。

🔍 反　思

1. 书中的这一节讲述了教授学习代词的两种方法，你认同哪一种方法？

2. 回顾你最近上的一堂课，确定你是否帮助学生联系了实际生活，如果没有，你将如何联系？

✎ 实 施

3. 选择你下周将要教授的一个新技能，通过令人振奋的方式把这堂课和课堂活动与学生的实际生活联系起来。

🏅 分 享

4. 在你上完问题3中准备的课后，与你的同事分享其效果，也可以将结果或课堂上那些令人兴奋的、来源于实际生活的知识作为课堂简讯的一部分与家长们分享。

第二节　怎样让学生积极参与

在本书的这一节，作者将谈到积极学习和有目的性或是内涵性学习的联系。

🔍 反 思

1. 当你回顾自己的教学，你是否注意到自己的学生投入到一种有目的性的学习当中？

✏ 实 施

2. 调整你最近的一堂课，让更多积极主动的学生加入有目的性的学习当中，在这个方面我们每个人都可以有所提高。

分享

3. 在网上查找一下有什么方法能够提高学生的参与积极性，和学校的其他老师或友人分享你的观点。

第三节　怎样让所有学生都成功

最优秀的老师拒绝相信世界上有任何学生不能成功完成的事情，他们从不放弃任何学生。

🔍 **反　思**

1. 你是如何看待上述说法的?

2. 想一想，在学习或掌握某些东西遇到困难的时候，你想要别人做什么或怎样帮助你? 你如何将它们运用于你的教学之中?

✎ 实 施

3. 你是如何更好地因材施教的？请列出四到五条策略。

♗ 分 享

4. 与你的团队成员或其他学校的同行分享你的方法，把你的想法上传到博客或学校内部网站，让其他的教育工作者也可以从中获益。

第四节　如何高效应用高科技手段辅助课堂教学

当今的学生都生活在高科技世界，在这一节我们讨论了将科技有效引入课堂的方法、策略。

反思

1. 概述一下，你对于在课堂中运用科学技术的舒适度。

2. 请讲述最近你是如何运用科技手段强化教学的。

3. 在1~10的等级范围内，你感觉在你的课堂中科技运用的效率达到了哪个等级？

✎ 实 施

4. 想出两种可以更有效地将科技与你的教学结合起来的新方法。

5. 访问教师网、教育博客或在线学习群，以便寻找到新的有效使用科技的想法，也可以从同事的经验中获得一些灵感。找到你们学校最懂科技的人，并寻求建议。继续寻找专业发展的机会，以便帮助你改进目前的技术。

🏅 分 享

6. 与同事分享你在科技方面的想法并请他们提出一些建议。

第五节　怎样将教学和考试结合起来

优秀的老师应该只根据所教的方式来考所教的东西。

🔍 反　思

1. 用一两句话总结一下，在你的课堂中用来评估学生知识掌握情况的各种方法。

2. 你的测试是通过你教授的方式评估你教过的内容吗？请详述。

3. 你的测试中是否出现过"意外"的部分？

✎ 实 施

4. 找一份你已有的测试题并仔细浏览，想一想你是如何教授那些知识点的，并评估一下这份测试卷与你的教学是否一致。

分 享

5. 与你的团队讨论书中关于"游泳课"的例子，使教的东西和考试的东西相一致，然后想出一些可以让教学和考试更统一的方法。

第六节　怎样确定合适的教学进度

高效的授课应当确保课程以恰当而快速的步调进行。

🔍 反　思

1. 书中这一节包含了8条关于恰当课堂进度的提示，阅读这些提示并对照过去几天你的教学，你认为自己最近的教学中使用到了几条？

2. 这部分也包括一系列的警示信号，可以提醒你课堂进度太慢。阅读并对照过去几天你的教学，你认为你的课堂上出现了几条信号？描述那些可观察到的信号并举例。

✎ **实 施**

3. 选择你将要上的一堂课，记录下学生在课堂上的行为。如果你观察到任何警示信号，修改你的教案并让课堂活动更吸引人。警示信号是什么，当那些信号出现时你会做什么？

♀ **分 享**

4. 与同事分享评价课程进度的8条提示，讨论这些提示对于你的教学和学生的学习是否有利。

第七节　怎样向别人传授技能

　　书中的这节内容概述了5个步骤，最优秀的老师在教授新技能或新概念时会遵循这5个步骤。

🔍 反　思

　　1. 列出教授新技能或新概念时要遵循的5个步骤。

　　2. 你的每一堂课都会遵循这5个步骤吗？请详述。

✎ **实 施**

3. 改进这5个步骤，修改你准备要上的一堂课的教学计划。

🏅 **分 享**

4. 与你的教学团队分享你修改过的教学计划，请他们反馈意见。

🐾 秘诀3 总结检测表

　　以下总结了秘诀3提到的策略。阅读每一条，在最符合自己情况的一栏中打钩，想一想哪些地方是可以改进的。

1=很少/从不

2=偶尔

3=一向如此

方　法	1	2	3
1. 我会把要教授的内容与学生的生活联系起来。			
2. 我的教学包括手把手教授和学生参与。			
3. 我会针对学生的不同水平改变我的课程。			
4. 上课时我很有热情。			
5. 我的测试会以我教授的方法考核学生学过的知识。			
6. 我的课堂进度恰当。			
7. 在合适的时候我会使用高科技。			
8. 在教授新技能时，我会给学生做示范。			
9. 在我教授和示范新技能后会与学生一起练习。			
10. 如果学生还没弄太懂，我会重新讲一遍。			
11. 对于每一个新技能我都确保有足够的独立练习。			
12. 在每堂课的最后，通过跟着他们说明或解释的方式，我会与学生一起回顾他们这堂课学到的知识。			

秘诀 **4**

积极的态度具有
强大感染力

Secret Four: The Secret of Attitude

STUDY GUIDE
Seven Simple Secrets

我们可以选择

一个人看到一个半空的瓶子

另一个人看到一个半满的瓶子

什么？这是同样的一个瓶子？

他们在玩什么花招

你看，他们没有使任何花招

我们的态度决定了我们的眼界

我们可以自己选择

不管生活是探险还是冲突

第一节　怎样的态度取决于自己

最好的老师与一般的老师的主要差别就是态度。

🔍 反 思

1. 如果要你的领导或同事对你的整体态度做出评价，你觉得他们会说什么？

2. 你是如何处理与那些态度消极的同事之间的关系的？对于唠叨抱怨你一般会如何应对？

✎ 实　施

3. 与同事讨论，与那些态度消极的人共事，你的感觉如何。可以做些什么帮助这种人改变自己的态度吗（至少可以防止他的态度传染给别人）？想一些可能的解决办法并列出来。

♀ 分　享

4. 与同事和领导分享你的解决办法，为了学校环境氛围更加积极向上而尽绵薄之力。

第二节　教师休息室里的生存哲学

老师的休息室应该是老师在校期间可以短时间去放松的地方。

🔍 反　思

1. 你如何描述一般情况下教师休息室的氛围？

✏ 实　施

2. 与你的团队讨论教师休息室的氛围，对于休息室大家的理解都是一致的吗？作为一个团队，一起把休息室环境建设得更加积极向上，落实那些改进措施，并在一个月后重新评价休息室的情况，看看是否还有可以改进的地方。

分 享

3. 与所有同事分享你教学团队的想法，让他们也能为建设一个氛围更积极、更轻松的休息室尽一份力。

第三节　怎样改变学生的学习态度

老师的态度会折射到学生身上，并影响学生的态度。

🔍 反　思

1. 书中的这一节给了两个例子，说明老师可以怎样安抚焦躁不安的学生。回想一下最近的事情，当学生从休息时间、午餐时间或其他课堂，带着糟糕的情绪进入你的课堂时，你会如何掌控这种情况？

2. 回顾一下当时的情形，你觉得你用合适的方式处理好了吗？请详述。

3. 学生会关注你的一切，想象一下，假如要学生模仿你的行为，你觉得他们会做什么？

✎ **实 施**

4. 如果你想改进你对学生行为的反应，可以请一位同事观察一节课并给出反馈意见。或录制一堂课，剖析你自己的行为。只有你意识到还有进步的空间，才能改进你处理学生错误行为的方法。

分 享

　　5. 列出一些可以帮助缓解学生焦躁不安情绪的做法和语言，与你
的同事分享。

第四节　培养自己负责任的态度

对于那些优秀的老师，如果有学生在他们的课堂上学得不是很好，这些老师总是会为学生们的课堂低效率承担责任。这并不意味着就是老师的错，但他们总是首先考虑自己的问题。

🔍 反 思

1. 正如书中的一个例子：如果一个病人在手术台上死亡，而医生把这归咎于病人的健康问题，这样的手术难道是你愿意在自己身上尝试的吗？同理，如果有学生上课没专心，很多老师会毫不犹豫地把原因归咎在学生身上。对上述问题，说说你的看法。这一说法被普遍认可吗？说说原因。

✎ 实 施

2. 即便是最优秀的老师，在课堂上，也会有部分学生对一些知识掌握得不是很好。你有什么好技巧能够帮助所有学生都认真学好？不断地使用、打磨、改进这些技巧吧。

🏅 分 享

3. 与你的同事分享你的教学想法或实用的教学技巧，让他们集思广益，为教学一起出谋划策，把大家的教学心得和技巧汇总起来。这样一来，教学核心力量不断加强，所有老师都能从中受益。

第五节　与消极的同事积极地相处

　　本书的前面章节和导读部分，我们都谈到了消极情绪的影响。在这一节中，你要思考一些如何减轻同事消极情绪的具体措施。

反 思

　　1. 出现以下情况时你会怎么做？

　　（1）老师消极评价一个学生的时候，你可以做什么？

　　（2）同事对发生在学校的一些事情发牢骚的时候，你可以做什么？

（3）同事对与学校有关的某人——学生、家长或主管说长道短的时候，你可以做什么？

（4）同事试图将你拉入一场权力斗争时，你可以做什么？

记住，面对各种不同状况时，你能决定自己的立场。你没办法决定其他人说什么或做什么，但你可以决定自己处理周遭一切事物的方式。要时刻做出正确抉择，远离那些用负面情绪包围你的人。

✎ 实 施

2. 把你的想法写入自己的教学策略中，然后立马开始执行。

🏅 分 享

3. 把你的策略和学校的同事分享，可能的话，也可以在专业的社交网站上分享。

第六节　做态度最好的老师

积极主动的态度是有效教学的一个关键因素。

🔍 反　思

1. 谁是教员组里最积极主动的人？说说他的优点。

✎ 实　施

2. 在教学中你有什么具体的措施可以让自己变得更积极主动？

分 享

　3. 向一些积极乐观的人请教（任何领域都可以）他们是怎样保持乐观向上的，把他们的回答与同事交流或在网络上和其他教育工作者分享。

第七节　怎样跟家长合作

优秀的老师经常和学生家长沟通。

🔍 反 思

1. 你是否在新学年伊始就和家长沟通，请详述你的做法。

2. 书中的这一节内容就如何与不配合工作的家长打交道提供了一些建议。你是如何与这些棘手的家长打交道的？你会怎样运用书中提供的建议？请说明。

✎ 实 施

3. 将你关于这一学年准备如何有效地和家长沟通的所有想法列出来，包括在新学年开始如何与家长接触，如何定期给家长正面反馈，如何与不配合老师工作的家长沟通，如何与家长们保持一种长期的紧密合作。

🎖 分 享

4. 尽最大努力让家长们知道，老师是多么重视他们的孩子，同时让他们了解在你课堂发生的有趣的事。这些事情可以通过各种方式传达给家长，比如说打电话、写博客、给家长留言、发邮件等等。

✦ 秘诀4 总结检测表

下面是关于秘诀2的方法小结，阅读每一条并在相应的方框中打钩。针对你标记"否"的条目，为自己设定一个改进的目标。

方　法	是	否
1. 对学生、同事、父母，我都能和颜悦色。		
2. 在任何情况下我都能设法找出事物的积极一面。		
3. 在逆境中我会想办法找到解决问题的方法。		
4. 我只将正能量传递给同事。		
5. 我对学生的进步和退步都负有责任。		
6. 我不允许自己被消极评论或消极的人影响。		
7. 我倡导和家长的良性互动。		
8. 我要让家长知道他们孩子的成功是我的首要目标。		
9. 我拒绝八卦。		
10. 我在我学生面前以身作则。		
11. 我会试图减少同事的负面情绪，而不是给他的负面情绪添油加醋。		

秘诀 **5**
持续提升专业素养
成就卓越

Secret Five: The Secret of Professionalism

STUDY GUIDE
Seven Simple Secrets

教员会议

这是我第一次参加教员会议，有几个老师在交谈

校长说话时，他们仍然喋喋不休和大声喧哗

接着学生们的问题成为议题

那些老师停止了喧哗

当讨论如何惩处上课频繁说话的学生时他们说"阿门"

"把他们送到校长那里，将他们从我们班里弄走

他们打扰了那些想学习和通过考试的人

他们居然胆敢粗鲁地做这些事情

他们让自己难堪却毫无察觉

他们在我讲话的时候交谈，他们不完成自己的功课

他们显然没有教养——他们推卸自己的责任"

好吧，作为一个新老师，我不想说什么

我只是将背靠在椅背上观察一切——一个辛辣的讽刺

你怎能使你的学生做你自己都不能做到的事情

如果你想要你的学生懂得尊重别人，是不是应该从你自己

开始

第一节　怎样穿着最职业

优秀老师的穿着，举手投足之间都透露出一种职业感，因此，他们获得了学生的尊重。

🔍 反 思

1. 你学校老师的着装标准是什么？学校的教师着装要求和你的教师职业着装标准一致吗？

2. 你认为你是否穿着职业化？说说你的理由。

✎ 实 施

3. 思考一下如何能在你学生面前显得专业，如果你的穿着已经很职业，是否可以通过你的形象或其他途径表现出你的专业程度。

🏅 分 享

4. 与你的同事分享，或在社交网络上与大家分享你的观点。

第二节　怎样做到"适应"而不是"沦陷"

好的学校有一种家庭的温暖感，同事之间彼此友爱，大家也有共同的奋斗目标。

🔍 反 思

1. "沦陷"是指被消极的人和消极的环境所影响。你如何向新老师提建议才能让他/她不被同事的消极情绪所影响？

2. 优秀的老师都是相互吸引，因为他们对于教学和学习有着相似的理念。想一想你们学校最优秀的老师，然后描述一下他们的一些共同优点。

✎ **实 施**

3. 你是否曾经试过太过努力地想融入一个圈子，反而没有被接受？写出四种或五种方式，可以让你和别人友好相处而不是消极地被影响。

✿ **分 享**

4. 这一节结尾列出了优秀老师的一些品质，把这些信息与你的同事分享，然后大家一起讨论一下。

第三节　怎样合理应用社交媒体

社交媒体如果用得好，会是一个非常好的工具。

🔍 反 思

1. 你用社交媒体和父母、老师、同事保持联系吗？有的话，你是如何使用的？如果没有，你是否有兴趣去了解它？

✎ 实 施

2. 去了解一下学校的社交媒体使用政策，有必要的话，提出你的建议。

♦ 分 享

3. 把你的观点与你的教学团队分享，这样就能更好地整合、发挥学校的社交媒体的作用。要确保学生家长了解学校的社交媒体政策，这样他们就能从专业的角度判断出你是怎样使用这些社交媒体的。要经常提醒学生使用社交媒体的利与弊，因为他们大多数并不知道。

第四节　不断提高你的专业素质

优秀的老师从来不会停止学习和成长，事实上，任何一个领域都一样。

🔍 **反　思**

1. 最优秀的老师会想方设法持续提高教学技巧和扩大知识面。想一想你最近参加的学习交流会，然后说说你从中收获了什么。

2. 你是否是为了获取知识和技能而工作？当你很难或不能获得学习所需的时候，你还是这样想吗？如果是的，你是如何学习的？如果不是，说说你以后会怎样做到这些。

3. 如果你将这本学习指南作为你职业发展计划的一部分，那么你正在学习如何成为优秀老师的必备技能！思考一下你学到的最重要的技能，说说你准备怎么运用你学到的东西。

✎ 实 施

4. 参加一些能满足你需求的职业发展培训会，培训会主题可以是扩大教学知识面、提高教学技能、班级管理、现代技术使用等，这些培训可以由你学校或当地机构提供，也可以是网上培训课程。

♀ 分享

5. 和你的教学团队或同事分享，并讨论第3点中你的答案。

第五节　让专业的"血液"流淌全身

不要让你的不专业表现削弱了你的师道尊严和你的专业性。

🔍 反　思

1. 时刻保持一种积极向上的态度很难，但优秀的老师会尽力做到。在过去的几周里你面临了哪些挑战？描述其中一个挑战以及你是如何应对的。

2. 有什么事情是你现在希望当时用另一种方式去处理的？

✎ 实 施

3. 当你面对棘手的情况时，你会采取什么措施，列出两个（时刻准备着以一种职业姿态去应对你面临的任何事情）。

🎗 分 享

4. 和你的同事讨论一下职业性这个话题，然后说一说职业性对你来讲意味着什么。

第六节　竭尽全力，但不与人争

对于教学来讲最好的回馈便是学生的生活因你而生动精彩。

🔍 反　思

1. 在这一节，我们总结了一些老师的经验，他们提出了关于培养积极主动的态度、培养职业感、保持高度热情等方面的技巧。重新阅读这些内容，选出你能用得到的技巧，然后总结一下你之所以做出该选择的原因。

2. 虽然我们事事都想竭尽全力，展现自己最优秀的一面，但往往很难面面俱到。如果现在要你把教学做到最好，请选出一个你可以改进和提高的方面。

✎ 实 施

3. 接下来一周，把注意力集中在问题2中你做出的选择上，在这周快结束时，思考一下经过一周努力之后发生的变化。

Q 分 享

4. 至少和一个同事交流一下你付出了哪些努力。

第七节　将学生的利益放在第一位

优秀的老师做出的决策都是让学生最大程度受益。

🔍 反 思

1. 这一节中我们会看到两个很不相同的学校，你更向往在哪个学校授课？为什么？

2. 两个学校当中的哪一个和你任教的学校是最相符的，为什么？

✎ 实 施

3. 把这些问题记在指引卡、小贴纸、写字板或智能手机上："这个决策是不是最适合我的学生？做这个决定是否因为对我来说最省事？"当你做决定时，想一想这些问题。在你的桌子上也写下这些问题，时刻提醒自己。

♀ 分 享

4. 和同事分享一下你是怎么做出让学生受益的决定的（分别站在班级和学校的高度来谈）。

✎ 秘诀5 总结检测表

以下总结了秘诀5提到的策略，阅读每一条，给自己评等级，并在最合适的一栏中打钩，想一想哪些地方是可以改进的。

1=很少/从不

2=有时

3=一向如此

方　法	1	2	3
1. 我的一言一行都是以一个职业人来要求自己的。			
2. 我穿着很职业化。			
3. 我努力发现其他积极主动的同事，并且向他们学习和看齐。			
4. 在任何情形下，我都能克制自己，不失态。			
5. 我从不主观地评价学生不合规矩的行为。			
6. 在班上我总是耐心地说话。			
7. 我对事不对人。			
8. 我积极参加和职业发展有关的活动。			
9. 我总是尽我所能，而不是苛求最好。			
10. 我始终把学生放在心里。			

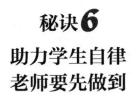

秘诀**6**

助力学生自律
老师要先做到

Secret Six: The Secret of Effective Discipline

STUDY GUIDE
Seven Simple Secrets

按下按钮

我按下电梯按键

我心急如焚，希望它越快越好

我等啊等，等啊等，等待着电梯到来

我先是按了一下按键，然后又按了一下，两下，三下，四下……

而电梯仿佛永远不会来

我只能走楼梯

当然，这是一种很好的身体锻炼

这使我想到我班上的学生

他们每天都按下按键，迅速有力地按下按键

他们按下按键，他们的"电梯"——我——随之而来

他们乘着电梯上上下下

我心里一直在想，如果我不呼之即来的话，他们会不会自己走楼梯

一直以来，我都不想继续放任他们的依赖性滋长

所以，从明天开始，我藏起"按键"

当他们发现我不再随叫随到，他们会寻求其他解决办法

所以，在此我给所有老师提出建议，尤其那些随叫随到的老师

不要让学生们知道按键所在

如此这般，学生们便会停止按下按键——

这是绝对的事实

第一节　藏起老师的"按钮"

当你的课堂是学生完全拥有主动权的时候，你的课堂就会失控。

🔍 反 思

1. 这一节，我们用等电梯的现象来阐释学生们平时都想对老师做什么。你在什么情况下是允许学生掌握主动权的？学生最想主导课堂的哪一个部分？

2. 问你自己这些问题，然后仔细思考你的回答。

（1）学生惹我生气时他们是否知道？

（2）他们能分辨出我是否生气吗？

（3）当我对学生生气、沮丧、困惑时是什么样的表情？

✎ **实 施**

3. 重新阅读一下这些建议，看哪些建议能够帮你把控学生，添加一些建议，或修改一些你认为不起作用的建议。

分 享

　　4. 和你的同事分享一下你是如何有效地掌控学生的，然后一起商讨出一个更好的法子。

第二节　怎样使学生们保持自律

优秀老师的另外一个法宝就是始终拥有良好的课堂纪律。

🔍 **反　思**

1. 优秀的老师对于纪律有什么共同的看法，列出两点（已经在本书中有介绍），这两点你是否都尝试过？如果没有，你如何改进？

2. 你的学校有一个大纲性的纪律守则吗？详细讲一下。

3. 你的纪律守则或学校的纪律守则能始终贯彻吗？详细说一下。

 实　施

4. 你准备让学生如何参与到来年的班规建设中去？提出两点你的看法。

分 享

5. 和同事分享你的计划，请教他们是如何建立班规的。

第三节　怎样利用心理学减压

最优秀的老师似乎都没有什么压力，也没花太多精力和学生强调纪律。

🔍 反 思

1. 这一节我们提到了两个例子，你会看到优秀老师是如何利用积极引导法来处理学生没有完成作业的情况。你是否用过类似的方法？描述一下你是怎么做的。如果没有，说一说你以后打算怎么用。

2. 这一节也介绍了一些优秀老师是如何表扬他们学生的，你能补充说明一下还有什么夸奖赞扬的话吗？

✎ 实 施

3. 试着在课堂上夸奖一下你的学生，试过之后感觉如何？

🏅 分 享

4. 和你的同事讨论一下列表中表扬学生的词语，并且尽可能多地添加一些类似的赞扬词，这样的词语越多越好。

第四节　好老师，坏老师

最优秀的老师通常会选择变得更优秀，而不是成为说话尖酸刻薄的人。

🔍 反 思

1. 不幸的是，那些说话刻薄的老师在大多数学校都存在，你可能也认识一些，列出他们经常使用的词。

✏ 实 施

2. 列出两种能将不利于教学的情形转化为促进教学的方法。

分 享

3. 从问题中选两种方法和同事分享，并向他们请教。当你恰好遇到了其中一种情形，与你信任的同事谈论这件事，但请记住不要找会给你带来负能量的人。

第五节　怎样成为学生心中的理想教师

如果你想知道学生想要什么，需要什么，直接问他们就好了。

🔍 反思

1. 这一节中，我们在一开始就列出了学生想从老师那里获得的东西。问问你的学生，他们想从你这儿获得什么，把他们想要的记录下来。

✏️ 实施

2. 把学生的反馈总结一下，通过学生的反馈信息来完善你自己的"教师信条"，把它放在班里展示出来。

分享

3. 和你的同事分享你的"教师信条"，可以考虑为整个学校做一本"教师信条"。

第六节　怎样自我约束

如果教师连自己都无法约束好，那他永远也无法管理好一群学生。

🔍 反 思

1. 这一节，对于学生的不合理行为，我们列举了两种截然不同的处理方式，你最认同哪一个处理方式？请解释原因。

2. 王有术老师没有和艾米在班上同学面前争斗，做到这点容易吗？请说明原因。

3. 为什么张无术老师的方法不奏效?

4. 王有术老师在处理艾米的歇斯底里情绪时用到的关键策略是什么?

✎ **实 施**

5. 记录在班级管理中遇到棘手问题时，你是如何控制自己情绪的。针对每种情况，说说发生了什么，以及你是如何回应的。可能的话，想想有什么更好的办法去处理当时的状况，把你的想法写在本子上。

🏅 分 享

6. 把你的记录本和你信任的同事分享，就学生自控力问题向你同事请教，当然，这次同样要找能给你带来正能量的同事。

第七节　怎样发现每个孩子的优点

那些感觉良好、自信满满的学生往往比其他学生要表现得更好。

🔍 **反　思**

1. 教师都接受过专门训练，能找出学生身上存在的问题：阅读能力不够、行事不合规矩、学习上的一些困难，等等。但是，老师一般没有接受过特殊训练，去发现学生身上的闪光点。当你环视教室一周，你是否能找出每个孩子身上的优点呢？描述一下你已经在你学生身上发现的一些优秀品质。

2. 书中引用了两个例子，一位老师通过"兴趣发掘法"进一步了解了他的学生，而另一位则通过向学生说"谢谢你"而前瞻性地发现了学生的优点。请思考，想出两个可以让学生更好了解你的方法。

✎ 实 施

3. 制订一个能够帮助你在本年度更好地了解你的学生的计划，该计划要简练，你也一定要去执行。如果你想成为优秀的老师，了解你的学生很重要。

分 享

　　4. 让学生不仅和你，也和全班同学分享他们的个人爱好，可以通过班级项目、兴趣发掘、图片展示、宣传栏以及班级网页等完成这个任务。

✦ 秘诀6 总结检测表

以下总结了秘诀6提到的策略。阅读每一条，在最合适的一栏中打钩。想想哪些地方是可以改进的。

1=很少/从不

2=有时

3=一向如此

方　法	1	2	3
1. 在学校里任何情况下，我都表现出冷静克制。			
2. 我有明确的纪律规则，而且我一直遵守。			
3. 我避免和学生争吵或卷入权力斗争。			
4. 我利用心理学知识及时解决了潜在的问题。			
5. 我询问我的学生他们想在我的课堂上收获什么。			
6. 我在教室展示了"教师信条"。			
7. 我努力工作让自己更优秀。			
8. 我努力去发现学生身上的优点。			

秘诀 **7**

赞扬和激励是
最好的朋友

Secret Seven: The Secret of Motivation and Inspiration

STUDY GUIDE

Seven Simple Secrets

一盎司激励

给我一盎司激励

引领我，给我动力

这将激发我的想象力

你将看到我挥汗如雨

我发现我的思想已经打开

我的创造力在飞驰

持久的关注

啊！我做到了，这让我兴高采烈

第一节　怎样让你的兴奋感染他人

有一个说法是：我会记得有两组老师——一组是极其优秀的，而另一组是极其糟糕的。

🔍 反 思

1. 回想一下你曾经遇到过的最优秀的老师，描述一下那个老师做了什么让你对他如此印象深刻。

2. 现在描述一下你遇到过的最差劲的老师，他们有哪些问题。

133

3. 你的课堂是笑声朗朗还是死气沉沉，或者两者都有？说明一下原因。

4. 你有问题1中同样的特质吗？无论是与否，都请说明原因。

✎ 实 施

5. 在你的桌上留一份名单，列出你最喜欢的老师所具备的特点，努力成为那样的老师！每天提醒自己，你的情绪决定着班级的气氛。

分享

6. 和同事们聚在一起，就什么是最"阳光"课堂分享你的观点。

第二节　怎样让每一个学生觉得他是你的最爱

所有学生都希望自己和其他学生一样被重视。

🔍 反 思

1. 在本节开头部分，一位优秀的老师谈到了他为什么以及如何让每个学生都觉得自己与众不同。如果你也被问到和这位优秀老师相同的问题，你的答案会是什么？

2. 优秀的老师都会真诚地去表扬学生，比如说欢迎学生进教室，表扬那些按要求行事的学生。请提供一些你在平时的师生互动中使用积极评价的例子。

3. 本节也列举了一些其他例子，比如说匿名表扬和匿名人的小题大做，哪一个例子能最好体现你和学生之间的互动？请解释说明。

✏ 实 施

4. 在接下来的三天里，试着使用匿名表扬的方法，看看学生们的反应，思考一下你所得到的结果。

分 享

5. 和你的同事分享一下你的经验：你是怎样让每个学生感觉他们都是老师的宠儿的。

第三节　怎样向每一个学生表达你的关心

激励学生最好的办法之一就是向他们坦承你对他们的关心。

分　享

1. 你是否也有你不了解的学生？要更好地了解他们，你可以做些什么？

2. 列出两种向学生们表达你很看重他们的方式。

3. 关于老师关注学生的重要性，特别是老师应如何关注那些学习能力不强的学生，你有什么好建议可以给我们的新老师？

✎ **实 施**

4. 找出两个或是在为个人问题，或是在为学业问题苦恼的学生，让他们参与接下来两周的项目。努力在接下来的两周表达你对他们的关注，要让他们感觉到他们受到重视。

分享

5. 把你这个项目的经验和同事分享，持续对那些学生保持关注，同时，每一次都加入两个新的学生。

第四节　怎样使赞扬的力量最大化

优秀老师都普遍认可表扬是我们积极影响学生的最有力工具之一。

🔍 **反 思**

1. 本书的这一节通过"成功"一词来解释表扬由哪些因素构成，以及它应该怎样融入你的日常习惯和教学安排中。想一想过去一周你表扬学生的情形。

（1）你的表扬很具体吗？举例说明。如果不具体，你会怎么做让你的表扬更具体？

（2）你的表扬是真诚的、让人信服的、充满激情的吗？请详细说明。

（3）你一直以来都坚持表扬学生吗，你是怎么做的？

（4）你在赞美的时候投入多少热情？

（5）你的表扬具有独立性吗？也就是说，这个表扬和学生的其他行为无关。说出一个你在班上使用过的单独表扬的例子。

（6）你对学生的表扬是否和学生的能力与期望相符？想想你最近表扬的一个学生，考虑一下你的表扬是否合适。

✎ 实 施

2. 从明天开始，多发现学生的优点，给予他们相应的表扬，要把这节我们讨论过的建议记在心里。记录下学生的反应。

♀ 分 享

　　3. 通过和同事面对面或者网上讨论，把你在课堂上有效地使用表扬的方法与他们分享。

第五节　怎样恰当地使用奖励

在课堂上使用奖励关键在于你是否高效地利用了奖励机制，而不仅仅是你设立了奖励机制。

🔍 反 思

1. 想想这一节中"季度挑战"的例子，用你的话来分析一下为什么它没效果。

2. 你的学校是否做过这样的项目，结果成功吗？请解释说明。

3. 在你的课堂和学校你是否有一套系统的奖励机制？请简单描述一下。

✎ 实 施

4. 和两三位优秀的老师交谈一下，请教一下他们是怎么进行表扬和奖励的，尝试一下他们的一些做法。

分享

　　5. 下次遇到你的同事，和他们讨论一下你的想法、成功之道以及在实施表扬和奖励机制时的困惑。

第六节　怎样激励没有动力的学生

优秀的老师总是想方设法去激励所有学生。

🔍 反　思

1. 这一章包括一些优秀老师和普通老师对激励学生的不同看法，他们想法的差异主要表现在什么地方？

2. 你用过什么办法来激发学生对他们所学东西的兴趣？

✎ 实 施

3. 阅读相关的文章，参与网上讨论，或者就如何提高学生兴趣请教同事，在课堂上尝试一两个你学到的方法。

4. 向你的学生询问他们学习的动力是什么，整理归纳他们的建议。

分 享

5. 和你的同事分享学生的学习动机，然后请教他们是否有关于激励学生学习的秘诀。

第七节　怎样让你的力量最大化

作为老师，我们对自己的认识和感觉决定了你会如何对待学生。

🔍 反 思

1. 这本学习指南我们已经学到了最后，之前的想法和讨论对你以及你的教学带来了什么影响？

2. 这一节主要讲"你"，当你在教授你的学生时，面对他们对你的期待，你怎样保持积极和快乐。参考一下其他优秀老师保持积极性的8条建议。你是否尝试过其中某一条？请说一说。

✎ 实　施

3. 列举一下让你保持积极性的三条策略，甚至是当你不得不假装积极的时候。

🎖 分　享

4. 和你的同事讨论一下，在学生心里树立正面形象的重要性。就怎样保持职业形象，以及树立正面形象的问题分享你的心得——尤其是当你情绪低落的时候，应该如何保持正面形象。

🏹 秘诀7 总结检测表

以下总结了秘诀7提到的策略，给你自己评等级并在最合适的一栏中打钩。想一想哪些地方是可以改进的。

1=很少/从不

2=有时

3=一向如此

方　法	1	2	3
1. 在班级里我表现出活跃、进取的形象。			
2. 我关注我的学生。			
3. 我努力让所有学生感觉到我对他们的重视。			
4. 我的表扬很具体。			
5. 我的表扬没有附加条件。			
6. 我的表扬一视同仁，目的在于鼓励学生得体的行为。			
7. 我不会在表扬的时候附带消极话语。			
8. 在班上我高效地运用奖励机制。			
9. 我一直坚持去发掘新方法来激励我的学生。			
10. 我经常提醒自己我之所以选择这个职业是因为我想给我的学生带来正能量。			

结 论 / Conclusion

是否成为一名优秀的教师，决定权在你的手上。你现在已经拥有了成为卓越教师的七个秘诀。学会它，用起来！去激励、去启发、去挑战，去给你教的每个学生带去积极的影响。

在《万人迷老师养成宝典》和这本学习指南中，所有的创意活动、建议、策略都旨在为你构建通向成功的职业蓝图的基础。你现在正迈向塑造成功自我的道路上，而你的学生也会因此受益匪浅。

谨记教师的影响是巨大的。你积极向上，或是消极懈怠，这将在你学生的心目中产生深远的影响，这种影响将伴随他们的一生。

STUDY GUIDE
Seven Simple Secrets

七条红利 / Bonus Seven

另外，我们再补充几点能给你一些启示的建议。

1. 首先，也是最重要的，把本书的内容在你自己的课堂上使用。

2. 从本书的内容中选择一些你喜欢或适合你教学的内容与他人分享，在

- 全体会议上

- 部门或小组会议上

- 领导的会议上或亲密同事中

- 书友会

- 在专业学习协会的会议上

3. 在你最常用的媒体上讨论书中的某一条策略。

4. 从策略中选出一条拓展开来，查阅相关的资料。

5. 从策略中选出一些贴在同事休息间，以激励更多人。

6. 读一读"优秀教师七不做"，每周一次或每月一次，反省自己是

否符合要求。

7. 在你最常去的地方张贴"优秀教师七条准则"。

8. 归纳总结出自己的黄金七条，与他人分享。

"常青藤"书系—中青文教师用书总目录

书名	书号	定价
特别推荐——从优秀到卓越系列		
从优秀教师到卓越教师：极具影响力的日常教学策略（入选浙江省教师节用书）	9787515312378	33.80
从优秀教学到卓越教学：让学生专注学习的最实用教学指南	9787515324227	32.00
从优秀学校到卓越学校：他们的校长在哪些方面做得更好	9787515325637	33.80
卓越课堂管理（中国教育新闻网2015年度"影响教师的100本书"）	9787515331362	68.00
名师新经典/教育名著		
如何成为高效能教师（美国最畅销教师用书，销量超过350万册，最专业、最权威、最系统的教师培训第一书）	9787515301747	68.00
给教师的101条建议（第三版）（《中国教育报》"最佳图书"奖）	9787500673842	33.00
改善学生课堂表现的50个方法：小技巧获得大改变（入选《中国教育报》2010年和2011年"影响教师的100本书"）	9787500693536	23.80
改善学生课堂表现的50个方法操作指南：小技巧获得大改变	9787515334783	29.00
优秀教师一定要知道的17件事（美国当前最有影响教育畅销书作者全新力作）	9787500671961	23.00
美国中小学世界历史读本/世界地理读本/艺术史读本	9787515317397等	106.00
美国语文读本1-6	9787515314624等	252.70
和优秀教师一起读苏霍姆林斯基/卢梭/福禄培尔/蒙台梭利/杜威/马卡连柯	9787500698401等	150.00
怎么做孩子会爱上学习（入选"21世纪中国教师必读的百种好书"，《中国教育报》2010年影响教师的100本书"）	9787500685968	22.00
快速破解60个日常教学难题	9787515339320	33.00
美国最好的中学是怎样的——让孩子成为学习高手的乐园（白金版）	9787500685838	28.00
教师成长/专业素养		
中小学教师职业道德培训手册：师德的定义、养成与评估	9787515340777	32.00
成为顶尖教师的10项修炼（中国教育新闻网2015年度"影响教师的100本书"）	9787515334066	35.00
T.E.T.教师效能训练：一个已被证明能让所有年龄学生做到最好的培训项目30周年纪念版）（中国教育新闻网2015年度"影响教师的100本书"）	9787515332284	39.00
教学需要打破常规：全世界最受欢迎的创意教学法（中国教育新闻网2015年度"影响教师的100本书"）	9787515331591	33.00
高效能教师如何带领学生取得优异成绩（中国教育新闻网2015年度"影响教师的100本书"）	9787515328980	39.00
30天卓越教师自我培训（教育家安奈特·布鲁肖顶尖卓越教师培训教材）	9787515329925	29.00
给幼儿教师的100个创意：幼儿园班级设计与管理	9787515330310	29.00
给幼儿教师的100个创意：为幼升小做准备	9787515329130	29.90
给小学教师的100个创意：发展思维能力	9787515327402	29.00
给中学教师的100个创意：如何激发学生的天赋和特长/杰出的教学/快速改善学生课堂表现	9787515330723等	87.90
以学生为中心的翻转教学11法	9787515328386	29.00

书名	书号	定价
如何使教师保持职业激情	9787515305868	29.0
★ 如何培训高效能教师：来自全美权威教师培训项目的建议	9787515324685	32.0
★ 良好教学效果的12试金石：每天都需要专注的事情清单	9787515326283	29.9
★ 让每个学生主动参与学习的37个技巧	9787515320526	28.0
10分钟教师培训：卓越教师的40个快速训练法	9787515320519	32.0
高效能教师的时间管理法	9787515321073	35.0
★ 凭什么让学生服你（增订版）	9787500675204	26.0
高效能教师备课完全指南：英国最权威的备课指导用书	9787515312361	23.8
师范学院学不到的：应对学校一切的锦囊妙计	9787500679455	28.0
提高学生学习效率的9种教学方法	9787515310954	27.8
优秀教师是这样炼成的：用心教育	9787500672555	23.8
★ 教师一定要思考的四个问题：今天，我们怎样做教师（增订版）	9787500668565	27.9
下课后来找我：资深教师给同行的建议	9787515307114	28.0
★ 教师应该做到的和能够做到的（白金版）（美国中小学教师指定培训教材）	9787500669401	33.0
给年轻教师的信：真希望我年轻时就懂的道理	9787500696834	23.0
★ 优秀教师的课堂艺术：唤醒快乐积极的教学技能手册	9787500654001	26.0
★ 教师职业的9个角色（白金版）（美国国家教育学会教师教育委员会、哥伦比亚大学教育学院推荐书目）	9787500681014	23.8
如何成为优秀教师：英美教师职业成长"圣经"	9787500672920	26.0
★ 万人迷老师养成宝典（珍藏版）（入选《中国教育报》"2010年影响教师的100本书"）	9787500689300	23.0
高效能教师的9个习惯	9787500699316	23.0
★ 好老师可以避免的20个课堂错误（白金版）（入选《中国教育报》"2010年影响教师的100本书"）	9787500688785	21.5
教师、学生和家长焦点难题解决方案（升级版）（入选《中国教育报》"2011年影响教师的100本书"）	9787500672906	35.6
好老师说服难缠家长的16堂课（入选《中国教育报》"2010年影响教师的100本书"）	9787500688778	23.8
爱·上课：麻辣教师调教"天下第一班"的教育奇迹（李希贵、窦桂梅推荐）	9787500693383	29.0
爱·读书（李希贵、窦桂梅推荐，中国版《窗边的小豆豆》，诠释中国教师《爱的教育》）	9787500693918	25.0
课堂教学/课堂管理		
教师如何提高学生小组合作学习效率	9787515340340	29.0
卓越教师的200条教学策略	9787515340401	35.0
中小学生执行力训练手册：教出高效、专注、有自信的学生	9787515335384	33.8
提高学生学习专注力的8个方法：打造深度学习课堂	9787515333557	35.0
改善学生学习态度的58个建议	9787515324067	25.0
★ 全脑教学：影响全球300万教师的教学指导书（中国教育新闻网2015年度"影响教师的100本书"）	9787515323169	38.0
★ 哈佛大学教育学院思维训练课	9787515325101	36.0

书名	书号	定价
完美结束一堂课的35个好创意	9787515325163	28.00
如何更好地教学：优秀教师一定要知道的事（被英国教育界奉为圣经的教学用书）	9787515324609	36.00
带着目的教与学	9787515323978	28.00
美国中小学生社会技能课程与活动（学前阶段/1-3年级/4-6年级/7-12年级）	9787515322537等	153.80
彻底走出教学误区：开启轻松智能课堂管理的45个方法	9787515322285	28.00
破解问题学生的行为密码：如何教好焦虑、逆反、孤僻、暴躁、早熟的学生	9787515322292	36.00
在普通课堂教出尖子生的20个方法：分层教学	9787515321868	29.90
天天向上：中学教学问题解决手册	9787515321202	29.00
13个教学难题解决手册	9787515320502	28.00
让学生爱上学习的165个课堂游戏	9787515319032	39.00
美国学生游戏与素质训练手册：培养孩子合作、自尊、沟通、情商的103种教育游戏	9787515325156	36.00
老师怎么说，学生才会听（白金版）	9787515312057	28.00
快乐教学：如何让学生积极与你互动（入选《中国教育报》2010年和2011年"影响教师的100本书"）	9787500696087	29.00
老师怎么教，学生才会提问	9787515317410	29.00
快速改善课堂纪律的75个方法（白金版）	9787515313665	28.00
教学可以很简单：高效能教师轻松教学7法	9787515314457	25.00
39种美国中小学经典课堂教学活动	9787515314419	32.00
好老师应对课堂挑战的25个方法（珍藏版）（《给教师的101条建议》作者新书）	9787500699378	25.00
快速调动学生参与的99个方法（被誉为美国调动学生参与最有价值之书）	9787515317069	31.90
好老师激励后进生的21个课堂技巧	9787515311838	23.80
开始和结束一堂课的50个好创意	9787515312071	19.80
培养高情商学生的7堂必修课（新版）	9787500686088	28.00
好老师因材施教的12个方法（美国著名教师伊莉莎白"好老师"三部曲）	9787500694847	22.00
如何打造高效能课堂（美国《学习》杂志"教师必选"奖，"激励教师组织"推荐书目）	9787500680666	29.00
高中课堂管理-行为管理的9项策略（第二版）（被誉为美国"课堂管理圣经"）	9787500695714	29.00
合理有据的教师评价：课堂评估衡量学生进步	9787515330815	29.00
班主任工作/德育		
北京四中8班的教育奇迹	9787515321608	36.00
师德教育培训手册	9787515326627	29.80
打造优秀班级的15个秘密	9787515319117	28.00
设计和管理最优班级实用手册	9787515317731	49.00
好老师征服后进生的14堂课（珍藏版）（美国著名教师伊莉莎白"好老师"三部曲）	9787500693819	25.00
美国最优秀教师的自白（新版）（进入地方学校、教育机构教育用书征订目录）	9787500683001	26.00
优秀班主任的50条建议：师德教育感动读本（《中国教育报》专题推荐）	9787515305752	23.00
来自美国最优秀教师的建议（入选《中国教育报》"2010年影响教师的100本书"）	9787500694427	25.00

	书名	书号	定价
★	班主任一定要面对的9个问题（新版）	9787500672937	22.0
★	是什么让教师不断进步（升级版）（入选《中国教育报》"2011年影响教师的100本书"）	9787500672401	23.8
	优秀教师一定读的60个故事（传达60种爱的教育方式）	9787500696285	25.0
学校管理/校长领导力			
	如何定义、评估和改变学校文化	9787515340371	29.8
	学校管理者如何构建卓越学校	9787515330754	28.0
	从优秀学校到卓越学校：他们的校长在哪些方面做得更好	9787515325637	33.8
	优秀校长一定要做的18件事（入选《中国教育报》"2009年影响教师的100本书"）	9787500673835	26.0
	构建杰出学校的7个杠杆	9787515324319	39.0
	美国获奖中小学校长的建议（新版）（美国教育界精英校长的经验分享）	9787500675211	29.9
★	如何调动和激励教师（增订版）（入选《中国教育报》2009年和2011年"影响教师的100本书"）	9787500673828	29.0
	如何应对难缠的老师	9787515306315	25.0
★	给校长的127条建议（入选《中国教育报》2010年和2011年"影响教师的100本书"）	9787500694779	23.0
	如何提升学校的内力（升级版）	9787500672159	21.8
	创新型学校：给学校管理者的9个策略（入选《中国教育报》2010年和2011年"影响教师的100本书"）	9787500693628	23.0
学科教学/教科研			
★	人大附中高考作文取胜之道	9787515320694	33.8
★	人大附中学生这样学语文：走近经典名著	9787515328959	33.8
	让小学一年级孩子爱上阅读的40个方法	9787515307589	30.0
	让学生爱上数学的48个游戏	9787515326207	26.0
★	英美中小学都在玩儿的数学游戏：多少只袜子是一双	9787500688884	25.8
★	优秀小学语文教师一定要知道的7件事（窦桂梅畅销作品）	9787500674139	23.8
	小学语文课例研修的8个实践策略（附赠光盘）	9787515312064	33.0
	名师谈阅读教写作：真正思考语文课的终极目标问题	9787500692966	29.0
★	考拉小巫的英语学习日记：写给为梦想而奋斗的人	9787515303505	25.0
★	如何成为尖子生（新版）（事半功倍的高效学习方法，3小时成为学习高手）	9787500668596	23.0
情商教育/心理咨询			
	中小学心理教师的10项修炼	9787515309347	36.0
★	别和青春期的孩子较劲（增订版）（入选《中国教育报》"2009年影响教师的100本书"）	9787500676232	28.0
★	100条让孩子胜出的社交规则	9787515327648	28.0
	加州大学伯克利分校的10堂幸福教养课	9787515303512	23.0
	毕淑敏心理咨询手记	9787500682127	25.0
幼儿园/学前教育			
	幼儿园30个大主题活动精选：让工作更轻松的整合技巧	9787515339627	39.8

书名	书号	定价
美国幼儿教育活动大百科：3-6岁儿童学习与发展指南用书·科学	9787515324265	150.00
美国幼儿教育活动大百科：3-6岁儿童学习与发展指南用书·艺术	9787515324289	150.00
美国幼儿教育活动大百科：3-6岁儿童学习与发展指南用书·健康与语言	9787515324296	150.00
美国幼儿教育活动大百科：3-6岁儿童学习与发展指南用书·社会	9787515324272	150.00
蒙台梭利早期教育法：3-6岁儿童发展指南（理论版）	9787515322544	29.80
蒙台梭利儿童教育手册：3-6岁儿童发展指南（实践版）	9787515307664	25.00
自由地学习：华德福的幼儿园教育	9787515328300	29.90
你的水桶有多满（儿童版）	9787515306766	29.00
赞美你：奥巴马给女儿的信	9787515303222	19.90

教育主张/教育视野

书名	书号	定价
如何学习：用更短的时间达到更佳效果和更好成绩	9787515334844	39.80
教师和家长共同培养卓越学生的10个策略	9787515331355	27.00
10天掌握快速阅读	9787515329918	29.90
芬兰教育全球第一的秘密（珍藏版）（《中国教育报》等主流媒体专题推荐，台湾教育类畅销书榜第一名）	9787500687436	28.00
世界最好的教育给父母和教师的45堂必修课（《芬兰教育全球第一的秘密》2）	9787500692423	28.00
杰出青少年的7个习惯（精英版）（中小学图书馆推荐书目、中国青少年必读书目）	9787500649083	28.00
杰出青少年的6个决定（领袖版）（中小学图书馆推荐书目、中国青少年必读书目、全国优秀出版物奖）	9787500672241	28.00
7个习惯教出优秀学生（全球第一畅销书《高效能人士的七个习惯》教师版）	9787500687948	29.00
杰出青少年构建内心世界的5个坐标（中国青少年成长公开课）	9787515314952	59.00
跳出教育的盒子：从优秀到卓越教师的成功策略（美国中小学教学经典畅销书）	9787500689508	35.00
夏烈教授给高中生的19场讲座（入选《中国教育报》"2013年最受教师欢迎的100本书"）	9787515318813	29.90
学习之道：美国公认学习第一书	9787500679240	28.00
翻转学习：如何更好地实践翻转课堂与慕课教学（中国教育新闻网2015年度"影响教师的100本书"）	9787515334837	32.00
翻转课堂与慕课教学：一场正在到来的教育变革	9787515328232	26.00
奇迹学校：震撼美国教育界的教学传奇（中国教育新闻网2015年度"影响教师的100本书"）	9787515327044	36.00
学校是一段旅程：华德福教师1-8年级教学手记	9787515327945	32.00
高效能人士的七个习惯（全球头号畅销书）	9787500649038	49.00
盖洛普优势识别器2.0：《现在，发现你的优势》升级版	9787515308036	68.00

您可以通过如下途径购买：

书　　店：各地新华书店、教育书店。

网上书店：当当网（www.dangdang.com）、亚马逊中国网（www.amazon.cn）、天猫（zqwts.tmall.com）
　　　　　京东网（www.360buy.com）、第一街（www.diyijie.com）。

团　　购：各地教育部门、学校、教师培训机构、图书馆团购，可享受特别优惠。

购书热线：010-65511270 / 65516873

➡ 任何优秀教师和成功教师，首先必须是一名高效能教师。

低效能学校 + 低效能教师 =（学生成绩）前 50% ↘ 倒数 3%
高效能学校 + 低效能教师 =（学生成绩）前 50% ↘ 倒数 37%
低效能学校 + 高效能教师 =（学生成绩）前 50% ↗ 前 37%
高效能学校 + 高效能教师 =（学生成绩）前 50% ↗ 前 3%

《如何成为高效能教师》

作　者：（美）黄绍裘　黄露丝玛丽
ISBN：9787515301747
开　本：16
页　码：344
定　价：68.00元

你将读到什么

➡ 美国最专业、最权威、最系统的 **教师培训第一书**。看世界上最专业、最高效、最幸福的教师如何打造快乐、善学、高分的好学生。

➡ 全球最畅销的教师用书引进中国。亚马逊网上书店教育类畅销书榜第 1 名。出版 20 年，覆盖 102 个国家，全球销量超过 350 万册。

➡ 首度公开成功教学的最大秘密，汇集全美 **100 名最优教师 30 年成功教学智慧**，建构了一套完整的高效能教师培训系统和教师素质与能力提升解决方案，让**新教师迅速成熟**，**老教师突破极限**，享受终极职业快乐。

➡ 幼师、中小学教师、教育管理者、师范院校师生、对外汉语教师"**人手一册**"的必备工具书。

➡ **超值赠送** 60 分钟美国最受欢迎的教师网络教学视频，200 页网络版主题教学拓展资源。书中附有大量被实践证明、行之有效的 **教学资源和技术工具**，更为教师的日常教学和管理实践提供丰富的行动指南。

翻转学习

[如何更好地实践翻转课堂与慕课教学]

ISBN：9787515334837
著者：（美）乔纳森·伯格曼，亚伦·萨姆斯
出版社：中国青年出版社
定价：32.00元

◆ 数学和科学卓越教学总统奖得主、翻转课堂先驱对翻转课堂模式深入变革，再次震撼教育界。

◆ 翻转学习诠释教学的真谛：因材施教。阐释个性化教学，有各学科翻转体验，引爆教育"最有效点"。

◆ 采用翻转学习模式，将为教师的教育事业重新注入活力，最终使所有学生受益——"没有人掉队，也没有人停滞不前。它一次改变一位老师，一次改变一个课堂，一次改变一所学校。

★ 内容简介

本书探讨的是一场比翻转课堂更深入的变革：老师不仅仅考虑翻转自己的课堂，而是更为深入地去翻转整个学习过程：如何最充分地利用与学生面对面的时间，从思维到行动去思考这个"唯一的问题"，进而从根本上改变课堂和学校，从而满足每一个学生的需要，真正达到定制化学习体验，实现教育"最有效点"。

书中再现了许多老师实践翻转学习的经历，分享了他们自己对"唯一的问题"的答案，展示了以老师为中心和外部管理模式转变成为以学生为中心和学生自我管理模式的显著成果。真实动人，成效卓越，方法极具操作和复制性。

翻转学习的最大力量正是能够为每一个孩子定制学习。教师可以集中精力改变课堂，使它完全以学生为中心：与学生一起解决问题，允许他们掌管自己的学习，做出选择，并对自己的成败负责。越来越多的教育工作者投身这一模式，而它将永远改变教师的教学和与学生互动的方式：学生在不断成长，不仅提高了成绩，而且习得了更加重要的批判性思维和写作技能。教师在课堂上比以往任何时候都兴奋，可以全身心投入教学，而学生也清楚地了解这一点。

翻转学习是一座通向更好学习实践的桥梁，让教师合作分享教学方法，乐于接受建设性批判建议，主动改善教学方法，最终到达教育之旅的终极目的地。

◎ 风靡全球的"翻转课堂"和"翻转学习",最早起源于本书的两位作者乔纳森·伯尔曼和亚伦·萨姆斯,他们所任教的美国科罗拉多州落基山的"林地公园"高中被誉为"翻转课堂圣地",他们在学校长达10余年的对于翻转课堂的实践,已经引起越来越多的人的关注,以至于经常受到邀请向全世界同行介绍这种教学模式

◎ 来自"世界翻转课堂圣地"的成功模式——轻松效仿

◎ 被誉为"翻转课堂先驱"的他们对翻转课堂进行了长达十余年的勇敢尝试——成效显著

◎ 数学和科学卓越教学总统奖得主震撼力作——超强影响力

作者简介:乔纳森·伯格曼,获得过数学和科学卓越教学总统奖(该奖项是美国数学和科学教学领域杰出表现的最高认证),被誉为"翻转课堂先驱"。他和亚伦对翻转课堂进行了长达十余年的勇敢尝试和实践,引起了全世界的关注,世界各地的小学、初中、高中乃至成人教育都纷纷采用这种模式来教授各个学科,并取得了卓越的成效。

亚伦·萨姆斯,获得过数学和科学卓越教学总统奖,被誉为"翻转课堂先驱"。他和乔纳森一起为"翻转课堂"这种教学模式的完善和推广做出了巨大的贡献。

入选中国教育新闻网2015年度"影响教师的100本书"

翻转课堂与慕课教学:
一场正在到来的教育变革
ISBN:978-7-5153-2823-2
作者:[美]乔纳森·伯格曼,亚伦·萨姆斯
定价:26.00元

翻转学习:如何更好地实践
翻转课堂与慕课教学
ISBN:978-7-5153-3483-7
作者:[美]乔纳森·伯格曼,亚伦·萨姆斯
定价:32.00元

内容简介:《翻转课堂与慕课教学》开始于一个简单的观察:在传统课堂上,学生一直很被动地接受教师的答案。而现在,作者乔纳森·伯格曼和亚伦·萨姆斯尝试了翻转课堂模式,这种模式以学生为中心,鼓励学生为自己的学习负责,并广泛运用于学生的家庭作业、课堂任务、实验和考试等各个方面。

通过10余年的勇敢尝试,乔纳森·伯格曼和亚伦·萨姆斯渐渐发现这种模式可以复制到任何一个课堂,也不需要更多金钱的投入。在这本书中,你将知道"翻转课堂"模式究竟是什么,为什么这种模式会有效,如何实施这一模式。

内容简介:本书探讨的是一场比翻转课堂更深入的变革:老师不仅仅考虑翻转自己的课堂,而是更为深入地去翻转整个学习过程——如何最充分地利用与学生面对面的时间,从根本上改变课堂和学校,从而满足每一个学生的需要,真正达到定制化学习体验,实现教育"最有效点"。

翻转学习的最大力量正是能够为每一个孩子定制学习。教师可以集中精力改变课堂,使它完全以学生为中心。翻转学习将永远改变教师的教学和与学生互动的方式:学生不仅提高了成绩,而且习得了更加重要的批判性思维和写作技能。教师在课堂上比以往任何时候都兴奋和轻松。

卓越教师的200条教学策略

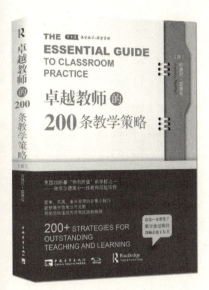

ISBN：9787515340401

著者：（英）安德烈·雷德芬

出版社：中国青年出版社

定价：35.00元

○ **高效**：每一个方法简单易学，步骤清晰，拿来即用，能使教学效果立竿见影。

○ **全面**：从制定教学计划到把握课程进度，再到课后评估，覆盖教学每一个环节。

○ **权威**：作者来自英国20所最"物有所值"的学校之一，一线教学经验丰富。

《卓越教师的200条教学策略》关注的是教师们在日常教学中最想解决而又棘手的难题：什么样的策略是有效的？我们又该如何实施它们？

本书为教师提供了200条与教学相关的实用策略、方法或行动建议，清晰地解释了每一种方法的步骤、优点与窍门，读完即可运用到日常教学中。利用这些策略，你可以轻松掌握卓越教学的每一个环节：

- ·制定完美的课堂计划
- ·激发学生的思考能力
- ·让每一个学生都参与学习
- ·鼓励合作学习，改善学生课堂表现
- ·开展分层教学，因材施教
- ·实施有效的测评与反馈

此外，每一个主题都总结了便于查阅的10个方法，比如，有助于全面了解学生的10个数据、在课堂上有效测评学生进度的10个方法，高效批改作业的10个好点子，等等。不管你是刚入门的新教师还是经验丰富的老教师，它将在你的教学生涯中给予你高效的指导。